essentials

essentials liefern aktuelles Wissen in konzentrierter Form. Die Essenz dessen, worauf es als „State-of-the-Art" in der gegenwärtigen Fachdiskussion oder in der Praxis ankommt. *essentials* informieren schnell, unkompliziert und verständlich

- als Einführung in ein aktuelles Thema aus Ihrem Fachgebiet
- als Einstieg in ein für Sie noch unbekanntes Themenfeld
- als Einblick, um zum Thema mitreden zu können

Die Bücher in elektronischer und gedruckter Form bringen das Expertenwissen von Springer-Fachautoren kompakt zur Darstellung. Sie sind besonders für die Nutzung als eBook auf Tablet-PCs, eBook-Readern und Smartphones geeignet. *essentials:* Wissensbausteine aus den Wirtschafts, Sozial- und Geisteswissenschaften, aus Technik und Naturwissenschaften sowie aus Medizin, Psychologie und Gesundheitsberufen. Von renommierten Autoren aller Springer-Verlagsmarken.

Weitere Bände in der Reihe http://www.springer.com/series/13088

Thorsten Krings · Frederik Nieland

Onboarding-Prozesse im Einzelhandel

Effektive Einarbeitung und Warenkunde

Thorsten Krings
Wiesloch, Deutschland

Frederik Nieland
Wetter, Deutschland

ISSN 2197-6708 ISSN 2197-6716 (electronic)
essentials
ISBN 978-3-658-24920-5 ISBN 978-3-658-24921-2 (eBook)
https://doi.org/10.1007/978-3-658-24921-2

Die Deutsche Nationalbibliothek verzeichnet diese Publikation in der Deutschen Nationalbibliografie; detaillierte bibliografische Daten sind im Internet über http://dnb.d-nb.de abrufbar.

Springer Gabler
© Springer Fachmedien Wiesbaden GmbH, ein Teil von Springer Nature 2019
Das Werk einschließlich aller seiner Teile ist urheberrechtlich geschützt. Jede Verwertung, die nicht ausdrücklich vom Urheberrechtsgesetz zugelassen ist, bedarf der vorherigen Zustimmung des Verlags. Das gilt insbesondere für Vervielfältigungen, Bearbeitungen, Übersetzungen, Mikroverfilmungen und die Einspeicherung und Verarbeitung in elektronischen Systemen.
Die Wiedergabe von allgemein beschreibenden Bezeichnungen, Marken, Unternehmensnamen etc. in diesem Werk bedeutet nicht, dass diese frei durch jedermann benutzt werden dürfen. Die Berechtigung zur Benutzung unterliegt, auch ohne gesonderten Hinweis hierzu, den Regeln des Markenrechts. Die Rechte des jeweiligen Zeicheninhabers sind zu beachten.
Der Verlag, die Autoren und die Herausgeber gehen davon aus, dass die Angaben und Informationen in diesem Werk zum Zeitpunkt der Veröffentlichung vollständig und korrekt sind. Weder der Verlag noch die Autoren oder die Herausgeber übernehmen, ausdrücklich oder implizit, Gewähr für den Inhalt des Werkes, etwaige Fehler oder Äußerungen. Der Verlag bleibt im Hinblick auf geografische Zuordnungen und Gebietsbezeichnungen in veröffentlichten Karten und Institutionsadressen neutral.

Springer Gabler ist ein Imprint der eingetragenen Gesellschaft Springer Fachmedien Wiesbaden GmbH und ist ein Teil von Springer Nature
Die Anschrift der Gesellschaft ist: Abraham-Lincoln-Str. 46, 65189 Wiesbaden, Germany

Was Sie in diesem *essential* finden können

- Warum systematische Einarbeitungsprozesse für den Unternehmenserfolg essenziell sind
- Wie man Einarbeitungsprozesse aufbaut, gestaltet und umsetzt
- Wie man den Reifegrad des Mitarbeiters berücksichtigt
- Welche Instrumente es gibt, und welche begleitenden Prozesse eingesetzt werden können

Inhaltsverzeichnis

1 Einarbeitungsprozesse im Einzelhandel

Personalentwicklung hat die Tendenz, sich mit Modethemen zu beschäftigen, die nicht immer in einem direkten Bezug zu den Zielen des Unternehmens stehen. Die Kernaufgaben der Personalwirtschaft, nämlich die Optimierung der Personaleinsatzplanung und die Optimierung der Personalführung und -motivation (Wöhe 2008, S. 135) kommen häufig zu kurz. Eine strukturierte Einarbeitung ist dafür jedoch eine Grundvoraussetzung.

Die Integration eines neuen Mitarbeiters in die Unternehmen beginnt damit, dass ein vollständig eingerichteter Arbeitsplatz zur Verfügung steht. Untersuchungen von Gallup haben gezeigt, dass dies eine entscheidende Auswirkung auf das Mitarbeiterengagement haben kann. Eigentlich liegt es also auf der Hand, dass Einarbeitung ein wesentlicher Erfolgsfaktor für jedes Unternehmen ist. Trotzdem ist es für viele eben nicht die erlebte Realität, strukturiert und systematisch eingearbeitet zu werden. Der Gallup Engagement Index zeigt bei den Fragen „Ich weiß, was bei der Arbeit von mir erwartet wird“ und „Ich verfüge über die nötigen Arbeitsmaterialien und Arbeitsbedingungen, um meine Arbeit gut und richtig auszuführen“ geradezu verheerende Ergebnisse. Einarbeitung ist nichts, was man mal „schnell nebenher“ macht und es funktioniert auch nicht, einen Mitarbeiter einfach so ins kalte Wasser zu schmeißen. Effektive Einarbeitung benötigt Vorbereitung, Planung, Begleitung, Steuerung und Kontrolle. Wie solche Prozesse für den Einzelhandel gestaltet werden können und worauf grundsätzlich zu achten ist, soll im Folgenden dargelegt werden.

© Springer Fachmedien Wiesbaden GmbH, ein Teil von Springer Nature 2019

T. Krings und F. Nieland, *Onboarding-Prozesse im Einzelhandel,* essentials,
https://doi.org/10.1007/978-3-658-24921-2_1

1.1 Engagement

Motivation hat die Dimensionen Können – Wollen – Dürfen. Auf die Dimension „Wollen“ können Führungskräfte und Unternehmen nur bedingt Einfluss nehmen, denn Interesse an einer Tätigkeit ist in individuellen Motiven eines Menschen begründet. Wer die Tätigkeit nicht ausüben will, der kann nicht mit externen Faktoren motiviert werden. Man spricht hier von „intrinsischer Motivation“.

Es ist aber sehr einfach, intrinsisch motivierte Mitarbeiter zu demotivieren, wenn das „Können“ und das „Dürfen“ nicht gewährleistet werden. Das „Dürfen“ ist eine Führungsfrage und vom Reifegrad des Mitarbeiters und vom Menschenbild der Führungskraft abhängig. Man muss abwägen, wo eine Aufgabe den Mitarbeiter über- oder unterfordert. Gleichzeitig muss man als Führungskraft bereit sein, dem Mitarbeiter einen Vertrauensvorschuss zu geben und Aufgaben so weitergeben, dass der Mitarbeiter stetig Neues lernen und Leistungsgrenzen abrufen kann (Krings 2018, S. 153).

Das „Können“ ist jedoch teilweise das, was der Mitarbeiter mitbringen muss, um überhaupt auf die Stelle zu passen, aber auch das, was das Unternehmen durch Einweisung und Einarbeitung vermittelt. Der Gallup Engagement Index zeigt, dass Unternehmen es in der Summe nicht schaffen, die Leistungspotenziale ihrer Mitarbeiter auszuschöpfen. Ein ganz entscheidender Aspekt sind dabei die bereits erwähnten Fragen zu Auftragsklärung und Arbeitsplatzausstattung. Gerade hier zeigen sich häufig sehr niedrige Ergebnisse: Dies hat eine unmittelbare Auswirkung darauf, welche Wertschöpfung der Mitarbeiter dem Unternehmen bringen kann. Insofern dienen strukturierte Einarbeitungsprozesse der Steigerung der Leistungsfähigkeit einer Organisation.

1.2 Evaluation

Die effektivste Methode, einen neuen Mitarbeiter zu bewerten und über seine Eignung zu entscheiden ist die systematische Probezeitevaluation, auch wenn dieses Instrument relativ wenig in strukturierter und systematischer Form genutzt wird. Eine Bewertung macht jedoch nur dann Sinn, wenn das Unternehmen sicherstellen kann, dass nur Aspekte bewertet werden, die in der Person und/oder dem Verhalten des Mitarbeiters liegen. Das bedeutet also, dass ein systematischer Einarbeitungsprozess hier eine Grundvoraussetzung ist, da sonst ggf. die Defizite in der Vermittlung der Inhalte durch das Unternehmen gemessen werden.

1.3 Wirtschaftliche Gründe

Der Einzelhandel steht in Deutschland unter einem enormen Margen- und Kostendruck. Der größte Kostenblock sind die Personalkosten. Folglich kann eine strukturierte Einarbeitung sowohl die Motivation der Mitarbeiter steigern, aber auch ihre Leistungsfähigkeit auf einer fachlichen Ebene. Hier sind z. B. die Einführung in interne Prozesse, IT-Systeme, Vorschriften, Kennzahlen oder Firmenkultur zu nennen.

Gerade für den Lebensmitteleinzelhandel gilt, dass hohe Kosten durch Abschriften -besonders im Bereich Frische – entstehen. Häufige Ursachen für diese Abschriften sind falsche Disposition und/oder Lagerung der Ware. Warenkundeschulungen im Rahmen einer Einarbeitung können diese Kosten stark senken und verursachen im Umkehrschluss kaum Kosten.

1.4 Marketing

Marketing bedeutet die konsequente Ausrichtung des Unternehmens an den Bedürfnissen der Kunden. Es geht also um wesentlich mehr als um werbliche Maßnahmen. Im Einzelhandel bedeutet dies, dass das Erleben des Einkaufens durch den Kunden Teil des Marketings ist.

Einerseits ist die deutsche Handelslandschaft stark davon geprägt, dass der Kunde Kaufentscheidungen preisgetrieben trifft. Andererseits werden die Formate zunehmend vergleichbar, so dass nun eine Phase der Differenzierung einsetzt, d. h. Handelsunternehmen wollen sich nicht nur mehr über Preisführerschaft abheben, sondern auch über Sortimentsbreite und -tiefe. Den Prozess der qualitativen Aufwertung des Sortiments mit den verbundenen Preisveränderungen bezeichnet man auch als „Trading Up“. In vielen Fällen, besonders im LEH, handelt es sich dabei um Produkte mit einem höheren Komplexitätsgrad (z. B. Weine, Fleisch), die einen höheren Beratungsaufwand bedeuten. Gleichzeitig erwartet der Kunde bei einem Trading Up, dass die Dienstleistung „Beratung“ im Kauf inkludiert ist. An einem konkreten Beispiel festgemacht, bedeutet dies, dass der Kunde bei einem hochwertigen Weinsortiment erwartet, dass das Personal ihn dabei beraten kann, welcher Wein zu welchem Essen passt. Einarbeitung hat also fundamental mit dem Marketing zu tun.

2 Abgleich Soll/Ist

Der Unterschied zwischen „Soll“ und „Ist“ ist Objekt der Personalentwicklung. Nicht selten ist die Diskrepanz sehr groß, weil z. B. keine qualifizierten Mitarbeiter gefunden werden können oder weil der Prozess der Wissensvermittlung nicht effektiv funktioniert. Bei der Definition des Solls differenzieren wir hierbei in zwei Kategorien die oft vernachlässigt werden: die Mitarbeitersichtweise und die Kundensichtweise auf eine Einarbeitung. Das Unternehmen muss also in der Lage sein, einen Perspektivenwechsel vorzunehmen, denn der Mitarbeiter hat genauso Vorstellungen wie seine Einarbeitung auszusehen hat, wie die Führungskraft bzw. das Unternehmen. Je höher in der Unternehmenshierarchie die Einarbeitung stattfindet, desto höher werden auch die Ansprüche an die Einarbeitung. Als Beispiel kann hier die Position eines Verkaufsleiters dienen, der neu in das Unternehmen wechselt und eingearbeitet wird. Dieser hat viel höhere Anforderungen, als die z. B. studentische Aushilfskraft, da die Aufgaben vielfältiger und komplexer sind. Dennoch sind bei beiden die Prozesse gleichbedeutend wichtig, da beide das Unternehmen nach außen vertreten und daher dem Image des Unternehmens helfen oder schaden. Des Weiteren entscheidet die Einarbeitung darüber, wie produktiv diese danach sein werden. Den Kunden interessiert die Einarbeitung nicht unmittelbar, sondern mittelbar, denn wie im vorhergehenden Punkt Marketing aufgegriffen, stellt der Kunde gewisse Erwartungen auf, die er von allen Mitarbeitern erfüllt haben möchte, um ein positives Erlebnis aus seinem Einkauf zu ziehen. Die wenigsten Unternehmen fragen sich „Was erwartet der Kunde von unseren Mitarbeitern?“ Beispielsweise existieren oft Verhaltensrichtlinien oder Handbücher für das Verhalten gegenüber den Kunden, doch geschult werden diese nicht immer.

© Springer Fachmedien Wiesbaden GmbH, ein Teil von Springer Nature 2019
T. Krings und F. Nieland, *Onboarding-Prozesse im Einzelhandel,* essentials,
https://doi.org/10.1007/978-3-658-24921-2_2

2.1 Mitarbeitersicht

Wie das Unternehmen hat auch der Mitarbeiter konkrete Erwartungen an seine Einarbeitung. Um diese Erwartungen zu verstehen, muss man sich zuerst in die Lage des Mitarbeiters hineinversetzen. Dies lässt sich unter anderem mit dem Modell der Komfortzone erläutern (Abb. 2.1).

In einer neuen Umgebung fühlt man sich zunächst unsicher. Der neue Arbeitsplatz, die neuen Kollegen und auch die Umgangsformen müssen erst mal verinnerlicht werden. Deswegen sollte man den neuen Mitarbeiter nicht sich selbst überlassen, sondern ihn seinen Kollegen vorstellen. Dadurch vergrößert sich die Komfortzone und der neue Mitarbeiter fühlt sich sicherer und selbstbewusster. Die Wachstumszone verdeutlicht, wie weit der Mitarbeiter bereit ist, seine Komfortzone zu verlassen. Es muss vermieden werden, den neuen Mitarbeiter in die Panikzone zu drängen. Dies würde zu Unsicherheit und Demotivation führen. Durch gemeinsame Pausen z. B. schafft man so eine Verbundenheit mit seinen Kollegen. Je besser die Gruppendynamik wird, desto mehr verbessert das die Produktivität. Eines der besten Beispiele hierfür ist die

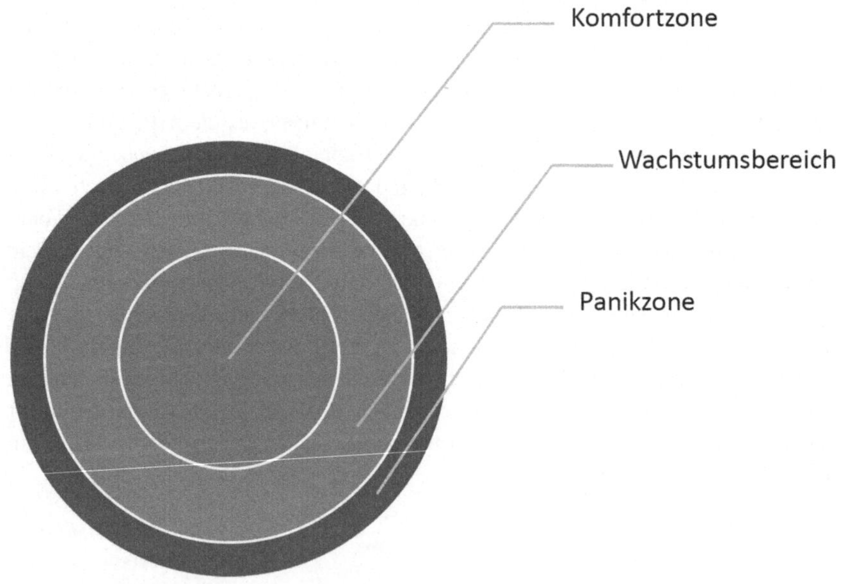

Abb. 2.1 Komfortzone

Feuerwehr. Jeder in der „Mannschaft“ weiß, was seine Aufgaben sind. Sie arbeiten Hand in Hand unter hohen Belastungen und das stundenlang. Dies funktioniert nur, weil sie ein eingespieltes Team sind. Um auch nur ansatzweise dieses Niveau zu erreichen, muss der neue Mitarbeiter durch gemeinsame Aktivitäten integriert werden.

Eine weitere Möglichkeit sind Projekte, in denen man zusammenarbeitet. Dort kann man den Mitarbeiter mit einbeziehen – je nach Kenntnisstand und Erfahrung. Um den individuellen Reifegrad eines Mitarbeiters einzuschätzen, kann man das Reifegradmodell von Hersey und Blanchard verwenden. Hier wird der Mitarbeiter in den Dimensionen Können und Wollen eingeschätzt. Diese individuelle Einschätzung verlangt von der Führungskraft ein situatives Führungsverhalten, das den Reifegrad angemessen berücksichtigt. Es gibt also keinen Führungsstil, der richtig oder falsch ist, denn Stil bedeutet, dass eine Ausprägung immer gleich ist. Im Führungsverhalten wird jedoch individuell berücksichtigt, wie viele Vorgaben und wie viel Kontrolle ein Mitarbeiter benötigt (Abb. 2.2).

Die Kombination aus Motivation, also der geistigen Reife und der Fähigkeiten, oder auch Arbeitsreife genannt, ergibt am Ende den Reifegrad des Mitarbeiters. Wie in der Abbildung zu sehen, kann man das Führungsverhalten wählen, das für diesen Mitarbeiter am besten geeignet ist.

Diese vier Stufen lassen sich wie folgt beschreiben:

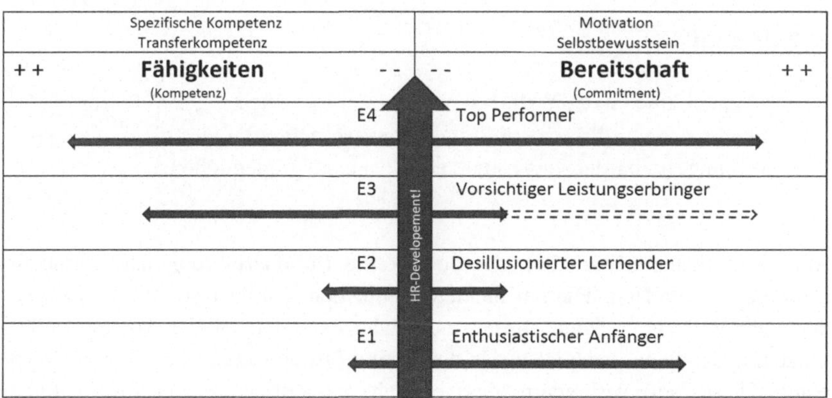

Abb. 2.2 Reifegradmodell

Reifegrade

Reifegrad 1

- Das Wollen des neuen Mitarbeiters ist größer ausgeprägt als sein Können, z. B. ein Auszubildender. Dies ist der „enthusiastische Anfänger", der einer engen Führung und genauer Vorgaben bedarf.

Reifegrad 2

- Das Wollen ist nicht mehr so ausgeprägt wie vorher, weil man erste Fehlschläge erlebt hat. Da man aus diesen lernt, ist das Können jetzt jedoch ausgeprägter. Hier wird die Führung weniger direktiv, aber es gibt kurzfristige Feedbackschleifen. Man spricht hier vom „desillusionierten Lernenden".

Reifegrad 3

- Das Können ist durch die Lernphase in Stufe 2 stärker ausgeprägt, aber man traut sich nicht so richtig. Dieser Mitarbeiter muss eingebunden werden und benötigt immer wieder Ermunterung in Form von positivem Feedback. Das ist der „vorsichtige Leistungserbringer".

Reifegrad 4

- Können und Wollen sind stark ausgeprägt. Dieser „Top Performer" benötigt keine direktive Führung, sondern begreift Führung als Dienstleistung, in der der Vorgesetzte ein Coach auf Augenhöhe ist.

Auf einen neuen Mitarbeiter, der noch keine Berufserfahrung hat, würde der Reifegrad 1 zutreffen. Hierbei handelt es um den „enthusiastischen Anfänger", der mehr will als er kann. Diesen muss man unter Umständen vor Selbstüberschätzung schützen, beispielsweise durch eine Strukturierung des Einarbeitungsplans. Dieser soll verhindern, dass er sich mit Aufgaben oder Informationen selbst überlastet. Diese Überlastung führt zur Demotivation und im schlimmsten Fall zur Beendigung des Arbeitsverhältnisses (vgl. Hersey & Blanchard 2015).

Grade bei jüngeren Mitarbeitern, die beispielsweise ihre Ausbildung oder ähnliches beginnen, ist eine überdurchschnittliche Motivation zu beobachten. Sie haben zu Beginn einen scheinbar unstillbaren Wissensdurst. Sie wollen wissen, wie das Unternehmen und deren Prozesse funktionieren. Hier ist von der Führungskraft Fingerspitzengefühl gefragt. Sie muss den neuen Mitarbeiter bremsen, aber nicht demotivieren. Der neue Mitarbeiter hat vielleicht schon mehrere Verbesserungsvorschläge im Kopf, kennt aber noch nicht die Hintergründe oder den Kern der Arbeit. Deshalb ist es wichtig, dem Mitarbeiter auf eine verständnisvolle Art mitzuteilen, dass er erst die „Basics" lernen muss und aufgrund dieser, Verbesserungen entwickeln kann. Bei diesem Wissensdurst ist es auch Aufgabe der Führungskraft, zu verhindern, dass es zu keinem Informationsüberfluss kommt. Im schlimmsten Fall wird man mit Fachvokabeln bombardiert und am Ende des ersten Tages ist man doch nicht erkenntnisreicher als am Anfang. Der erste Arbeitstag sollte nur dem Kennenlernen der Abteilung, sowie Kollegen und Ansprechpartner gelten. So verbindet man direkt das Ausbauen der Komfortzone sowie das Verhindern des Informationsüberflusses miteinander.

Essenziell für das Ankommen des Mitarbeiters in der neuen Funktion ist das Erleben von Struktur, die Sicherheit vermittelt. Der Grad der Strukturierung ist stark vom Reifegrad des Mitarbeiters abhängig. Was der Anfänger als hilfreich erachtet, kann für den erfahrenen Mitarbeiter schon Bevormundung sein. Der Azubi erwartet eine Art Stundenplan für den Einstieg in die Ausbildung, während der Trainee für die Position des Verkaufsleiters einen dreimonatigen, sauber durchstrukturierten Einarbeitungsplan mit Ansprechpartnern, Seminaren und praxisnahen Einsätzen erwartet, die von einem Mentor oder Paten betreut werden.

Jedoch erwarten beide im Kern dasselbe, nämlich eine strukturierte Vorgehensweise für einen optimalen Start in das Berufsleben. Hierbei ist es wichtig, dass die für die Einarbeitung Verantwortlichen, die sich üblicherweise mit der Erstellung dieser Pläne beschäftigen, auch Ahnung vom Kerngeschäft des Einzelhandels hat. Dies bedeutet, dass Planungsverantwortliche zumindest auch Vertrieb Praxiserfahrung gesammelt haben müssen, um einen Einarbeitungsplan zu erstellen. Gerade die Personalabteilung muss diese Kompetenz besitzen, da ansonsten die Gefahr besteht, dass in der Einarbeitung falsche Schwerpunkte gesetzt werden. Wenn Personaler also nicht „von der Fläche" kommen, so sollten sie auf jeden Fall dort ein längeres Praktikum absolviert haben. Man muss sich stets vor Augen halten, dass Einarbeitungsprogramme nicht zum „schick" aussehen gedacht sind, sondern um den Mitarbeiter bestmöglich auf seine Arbeit vorzubereiten. Weniger kann oft mehr sein. Man muss sich bewusst werden, dass ein dreimonatiges Programm mit Reisen, Seminaren in Hotels und dem Zeitaufwand der Führungskraft sowie der beteiligten Mitarbeiter ein erheblicher Kostenfaktor ist, der nicht zu unterschätzen ist. Der Plan kann noch so gut aussehen, aber wenn dort irrelevante Inhalte enthalten sind, handelt es sich dabei nicht um eine zielgerichtete Einarbeitung.

Eine weitere Erwartung des Mitarbeiters ist Wertschätzung seiner Person und der geleisteten Arbeit. Wertschätzung kann sich auf mehrere Arten äußern. Eine der wohl einfachsten, aber auch am wenigsten beachteten, ist die Zeit. Manchmal reicht es, wenn man zuhört, um ein Problem zu lösen. Wichtig ist z. B., dass die Führungskraft sich Zeit für den Mitarbeiter nimmt und im Feedbackgespräch nicht ständig auf die Uhr schaut oder das Telefon klingelt. Diese Form der Gestaltung von Gesprächen dient enorm der Wertschätzung. So schafft man auch ein angenehmes und offenes Arbeitsklima, wenn die Mitarbeiter wissen, dass sich der Vorgesetzte Zeit für sie nimmt. Ein weiteres, aber auch ganz einfaches Mittel, ist die Vorbereitung. Wurden die nötigen Mittel organisiert? Es fängt mit der Arbeitskleidung an und endet mit dem Firmenwagen. Man sollte schon im Vorfeld mit seinem neuen Mitarbeiter in Kontakt treten und alles Notwendige organisieren. Welche Kleidergröße in Bezug auf die Arbeitskleidung hat der neue Mitarbeiter? Wurde bereits eine Arbeitszeitkarte angelegt? Wurde ein kleines Willkommensgeschenk besorgt? Wurden alle Kollegen informiert? Diese und viele weitere stellenabhängige Fragen sollte man sich als Führungskraft oder Personalabteilung stellen, um so dem neuen Mitarbeiter gleich am ersten Tag ein gutes Gefühl zu geben.

2.2 Kundensicht

Die Kundensicht ist eine Perspektive, die bei der Erstellung von Einarbeitungsprogrammen oft vernachlässigt wird. Dabei spielen viele Aspekte der Einarbeitung direkt, als auch indirekt eine tragende Rolle für die Sicht des Kunden auf das Unternehmen. In offiziellen externen wie internen Publikationen von Einzelhandelsunternehmen wird immer beschrieben wie wichtig es ist, den Kunden zufriedenzustellen. Das gesamte Handeln soll sich nach den Wünschen des Kunden richten. Dies wird häufig nicht von der Personalabteilung bei der Erstellung von Einarbeitungsplänen berücksichtigt.

Dabei profitiert der Kunde von einer guten Einarbeitung. Wenn dieser Prozess für den neuen Mitarbeiter motivierend ist, so strahlt er das auch in seiner täglichen Arbeit aus. Ein Beispiel hierfür ist, ob der neue Mitarbeiter alle Kunden freundlich begrüßt, denen er während seines Arbeitstages begegnet. Ein weiteres Beispiel wäre die Initiative, die der neue Mitarbeiter zeigt, indem er aktiv auf Kunden zugeht und seine Hilfe anbietet. Dies gründet sich auf der bloßen Tatsache, ob die Einarbeitung für den neuen Mitarbeiter motivierend ist, oder ganz schlicht gesagt, ob ihm die Einarbeitung Spaß macht. Natürlich spielt auch die innere Einstellung eine erhebliche Rolle, aber diese sollte ja im Vorfeld bei der

Personalauswahl schon festgestellt worden sein. Analog zu der Einzelperson kann man hier das Betriebsklima sehen. Wenn alle Spaß an der Arbeit haben, so tragen sie das gemeinsam nach außen und so wird es für den Kunden spürbar: Sei es durch zuvorkommendes Handeln der Mitarbeiter im Markt oder durch ein „Pläuschchen“ mit der Kassiererin.

Ein weiterer Faktor, welcher direkt den Kunden betrifft, ist das Wissen des Mitarbeiters. Jeder Kunde erwartet einen fachlich kompetenten Verkäufer. Das gilt für den Elektronikhandel, wo man aufgrund des immer innovativen Warenangebots durchaus eine hohe Beratungskompetenz erwarten kann als auch für den Lebensmitteleinzelhandel. Kunden setzen grundsätzlich voraus, dass der Mitarbeiter, mit dem sie gerade Kontakt haben, kompetent beraten kann. Dabei geht es um einfache Fragen, bis hin zu einem genauen Fachwissen über bestimmte Produkte. Geforderte Kenntnisse bei Lebensmitteln können unter anderem sein:

- Geschmack,
- Zubereitung,
- Herkunft,
- Zutaten,
- Gütesiegel,
- Preis,
- Aufbewahrung und
- Mindesthaltbarkeitsdatum.

Diese decken grob die Inhalte möglicher Fragen der Kunden ab. Was auch dazugehört, ist die Warenplatzierung. Wo befindet sich das Produkt im Laden? Hier muss der Mitarbeiter auch abteilungsübergreifend wissen, wo das Produkt zu finden ist. Dieser Service wird vom Kunden als selbstverständlich angesehen.

Im Bedienungsbereich kommt noch ein ganz anderer Faktor hinzu. Hier wird ein hoher Servicegrad erwartet. Beispiele hierfür sind die Frischetheken im Einzelhandel von Käse, Wurst, Fleisch und Fisch. Auch vegane Theken und sogar Gastronomie sind heutzutage in einem SB-Warenhaus zu finden. Auch hier wird der Kunde bedient, von einem Mitarbeiter der eingearbeitet wurde. Gerade an den Bedientheken ist der Einarbeitungsaufwand nochmals ein anderer. An diesen wird mit offenen und sensiblen Lebensmitteln gearbeitet. Diese sind empfindlich und können bei falscher Handhabung auch gesundheitlich Schäden anrichten, die rechtliche Konsequenzen nach sich ziehen. Zusätzlich zum Serviceaspekt für den Kunden tritt auch ein handwerklicher Aspekt. Der Kunde erwartet beispielsweise, dass der Serrano-Schinken hauchdünn geschnitten wird, oder eine ausführliche

Beratung zum Rindfleisch. Das erwartet der Kunde bei seinem Einkauf vom Mitarbeiter auf der Fläche.

Aber auch die impliziten Erwartungen an die Rahmenbedingungen des Einkaufs sind nicht zu unterschätzen. Wenn man vorhat, größere Mengen einzukaufen, nimmt man sich für gewöhnlich einen Einkaufswagen vom Eingang mit. Auch hier muss dafür gesorgt werden, dass diese immer für den Kunden vorrätig sind. Dies gilt es durch genug Personal zu organisieren. Für den Kunden sind auch kurze Wartezeiten an der Kasse eine Selbstverständlichkeit. Um es noch grundlegender zu halten: Der Kunde geht einkaufen und erwartet Ware im Regal. Dies wird zum einem durch die Mitarbeiter sichergestellt, die die Ware verräumen, aber auch dadurch, dass jemand diese bestellt. Die gesamte Organisation, vom Planen des Personals, bis hin zur Disposition der Ware, muss genauso erfüllt werden, wie das freundliche „Guten Morgen" des Mitarbeiters. Diese organisatorischen Prozesse müssen genauso geschult werden, wie Warenkunde oder das Bedienen an der Theke. Auch hier greift die Einarbeitung indirekt wieder die Erwartungen des Kunden auf, um diese zu erfüllen. Dies zeigt nochmals, wie wichtig die Einarbeitung dem Kunden eigentlich ist, auch wenn er seine Erwartungen nie vollständig ausspricht.

Auch Notfallpläne und Vorschriften (z. B. die Lagerung von Feuerwerkskörpern) sind allen betroffenen Personen in dem Maße zu vermitteln, wie sie sie für die Wahrnehmung ihrer Aufgaben benötigen. Der Kunde vertraut darauf, dass seine Sicherheit und sein Wohlergehen gewährleistet sind.

Auch unter einem anderen Aspekt spielt die Wahrnehmung des Kunden eine wichtige Rolle: Personalpolitik hat immer eine Außenwirkung und es gibt eine beträchtliche Anzahl Kunden, die ihre Kaufentscheidung davon abhängig machen, wie Unternehmen mit ihren Mitarbeitern umgehen. Die negative Auswirkungen einer misslungenen Einarbeitung sollten daher nicht unterschätzt werden. Die Kommunikation des neuen Mitarbeiters mit Externen, wie beispielsweise der Familie, Freunden und Kunden über die misslungene Einarbeitung wirft auch ein denkbar schlechtes Licht auf das Unternehmen. Nicht nur auf Kundenebene, sondern auch bei potenziellen Bewerbern. Durch das Internet und insbesondere Social Media ist es noch leichter seine Zufriedenheit, aber auch seinen Frust mit der Welt zu teilen. Stammkunden und potenzielle Neukunden sind auch auf solchen Social-Media-Plattformen aktiv. Diese können sich so schnell und einfach ein Bild von den Arbeitsbedingungen machen.

Es ist festzuhalten, dass die Kundensicht eine erhebliche Rolle spielt. Bei der Erstellung des Einarbeitungsplans muss auf die direkten und indirekten Kundenwünsche Rücksicht genommen werden. Gerade im Lebensmitteleinzelhandel, wo der Markt sehr konzentriert ist, ist das Personal ein Merkmal, welches bei guter Einarbeitung ein Differenzierungsmerkmal sein kann.

2.3 Methoden

Die Sinnhaftigkeit der eingesetzten Methoden ist stark von der Person des Mitarbeiters und der Komplexität der Aufgabe abhängig. Es gibt z. B. Mitarbeiter, die effektiver lernen, wenn man sie selbstständig Inhalte erarbeiten lässt. So gibt es auch das Gegenteil, nämlich Mitarbeiter, die eine stärkere Betreuung benötigen. Es kommt auf den Mitarbeiter an, seine berufliche Sozialisierung, seine Persönlichkeit und Vorerfahrungen. Also sollte die Methodik der Einarbeitung auf den Mitarbeiter zugeschnitten sein. Beispielsweise wird von einem Verkaufsleiter ein hohes Maß an selbstständigem Arbeiten erwartet, von der Aushilfe im Verkauf nur ein geringes Maß. Entsprechend eng oder weit sind dann die Vorgaben in der Einarbeitung.

Tritt eine Gruppe neuer Mitarbeiter zeitgleich in das Unternehmen ein, wie zum Beispiel Auszubildende oder Duale Studierende, sollte im Vorfeld eine Einführungsveranstaltung stattfinden. In dieser können sich dann die Führungskräfte und Ansprechpartner vorstellen. Dabei sollte auch das Einarbeitungsprogramm vorgestellt und Raum für Fragen geboten werden. Die Erwartungshaltung beider Parteien kann durch eine Gruppenarbeit und anschließende Präsentation auch anschaulich vermittelt werden. In einer gemeinsamen Pause können sich dann die Führungskräfte mit ihren neuen Schützlingen vertraut machen. Kleine Willkommensgeschenke, wie eine Tasche mit Firmenlogo, sind eine gute Möglichkeit die Wertschätzung auszudrücken.

Eine Methode, die eine gewisse Struktur aufweist, aber dennoch flexibel sein kann, ist der Abteilungsdurchlauf. Hier ist das Ziel, dass der Mitarbeiter Abteilung XY selbstständig für eine Woche leiten kann. Dies kann im Vorfeld durch die Vermittlung der relevanten Inhalte sichergestellt werden. Ein definierter Zeitrahmen wird vorgegeben, aber die zeitliche Vermittlung bleibt weitgehend flexibel und ist auf den Mitarbeiter zugeschnitten. Beispielsweise braucht Mitarbeiter A länger, um die Disposition zu verstehen, ist aber schneller bei der Erstellung eines Personalplans. Dafür ist es bei Mitarbeiter B umgekehrt. So kann diese Methode durch ihre teilweise Flexibilität den neuen Mitarbeitern genügend Zeit geben, sich die relevanten Inhalte zu erarbeiten.

Eine weitere Methode sind Schulungen. Diese können direkt am Arbeitsplatz oder extern stattfinden. Die Person, die schult, kann auch wechseln. Meist schulen Führungskraft oder ein externer Trainer. Hierbei wägt man den Nutzen in Relation zu den Kosten ab. Eine Schulung über den Umgang mit dem Sicherheitsmesser kann die Führungskraft direkt am Point of Sale erledigen. Hierbei ist zu beachten, dass Mitarbeiter die Einweisung auf der Fläche häufig gar nicht als Einarbeitung wahrnehmen und (aus ihrer Sicht vollkommen folgerichtig) glauben, keine formale Einarbeitung bekommen zu haben. Daher ist es gerade bei „On-the-Job"-Maßnahmen sinnvoll, regelmäßige Feedbackschleifen einzuführen, in denen der neue Mitarbeiter selbst erkennen kann, was er gelernt hat.

Eine Schulung zum neuen Kennzahlensystem und der dazugehörigen Anwendung auf dem Firmenrechner sollte besser der Experte aus der zuständigen Abteilung übernehmen. Hierbei gilt jedoch, dass der Experte sowie auch die Führungskraft schulen können. Es ist wenig zielführend, wenn der Fachinformatiker über die komplexen Berechnungen im Hintergrund aufklärt, jedoch sein Publikum aus Vertriebsveteranen besteht, die eigentlich nur wissen wollen, wie sie die Anwendung zu bedienen haben. Schulungen können aber auch anschaulich und lebhaft gestaltet werden, beispielsweise auch unternehmensübergreifend. Ein Einzelhändler kann seinen lokalen Brotlieferanten besuchen und sich dort die Produktion anschauen. So kann eine Warenkundeschulung sehr viel einprägsamer sein, als ein Frontalunterricht über die verschiedenen Brotsorten im Regal (Tab. 2.1).

Einer der essenziellsten Methoden stellt hierbei die Methode „Training on the Job" dar. Direkt am Arbeitsplatz geschult zu werden ist und bleibt die Basis der Einarbeitung. Das Lernen wird direkt am Arbeitsplatz ausgeführt und kann dort auch von der Führungskraft beobachtet werden. Dadurch kann die Führungskraft direkt Feedback und Hilfestellung geben. Eine weitere Möglichkeit, den Mitarbeiter in der Einarbeitung zu fördern, ist das Jobenlargement. Hierbei werden ihm neue Aufgaben zugeteilt, die aber dem Anforderungsniveau der bisherigen Aufgaben entsprechen. Beispielsweise kann ein Mitarbeiter, der Ware verräumt, jetzt auch die Überprüfung des Mindesthaltbarkeitsdatums vornehmen. So kann man Schritt für Schritt sein Arbeitsgebiet erweitern. Eine andere Möglichkeit ist das Jobenrichment. Dieses ergänzt ebenfalls Aufgaben, aber auf einem höheren Anforderungsniveau. Beispielsweise übernimmt der Vertriebstrainee die Aufgabe der Vertretung des Filialleiters für zwei Wochen. Diese beiden Maßnahmen gehören ebenfalls zu der Methode „Training on the Job", da diese auch im Tagesgeschäft, am Point of Sale, durchgeführt werden kann.

Tab. 2.1 Formen der Vermittlung

Training on the Job	Training along the Job	Training off the Job
• Basiert auf „Learning by Doing" • Lerntransfer kann direkt beobachtet werden • Schließt Jobenlargement und Jobenrichment mit ein	• Laufbahnbegleitend • Coaching und Mentoring • Vermittlung neuer Qualifikationen	• Bildung ohne räumliche Nähe zum Arbeitsplatz • „Geschützter Raum" zur Entwicklung von Fähigkeiten • Seminare, Ausbildungseinrichtung etc.

Der Gegensatz dazu ist das „Training off the Job". Hier findet die Einarbeitung fern des Arbeitsplatzes statt. Das hat viele Vorteile. In diesem „geschützten Raum" ist die Toleranz für Fehler wesentlich höher, als am tatsächlichen Arbeitsplatz. Beispiel hierfür sind Seminare und Bildungseinrichtungen. Die Schwierigkeit ist, das Gelernte in die Praxis umzusetzen. Viele Seminare finden unter Laborbedingungen statt. In der Praxis sind viele Variablen, die man nicht vorhersehen kann. Das „Off the Job" eignet sich aber, um die Grundlagen für ein Thema zu legen.

Wo die Grenze verschwimmt, ist die Methode „Training along the Job", oder „Near the Job". Hierbei handelt es sich um begleitende Maßnahmen. Diese sind zum Beispiel das Mentoring oder Patenprogramme.

Viele Inhalte lassen sich unterstützend durch das Lesen von Handbüchern und Arbeitsanweisungen zwar einfacher durchführen, dennoch ist der Transfer auf den Lernort „Arbeit" entscheidend. Aber auch hier gibt es natürlich Grenzen. Das Durchführen einer Sicherheitsschulung, meist vom Sicherheitsbeauftragten einer Filiale, zählt zu den ganz wesentlichen Aufgaben. Dieser kann jedoch nur in einem begrenzten Rahmen veranschaulichen, wie es in einem Ernstfall auszusehen hat und muss sich zum großen Teil auf die Theorie stützen. Er kann die Sprinkleranlage erklären und zeigen, sie aber nicht auslösen. Anders ist es im Tagesgeschäft. Hier kann ohne weiteres erklärt werden, wie ein Hubwagen funktioniert und der neue Mitarbeiter kann dies direkt ausprobieren. Diese Tätigkeit lässt sich recht einfach erlernen, hat also eine niedrige Komplexitätsstufe (Abb. 2.3).

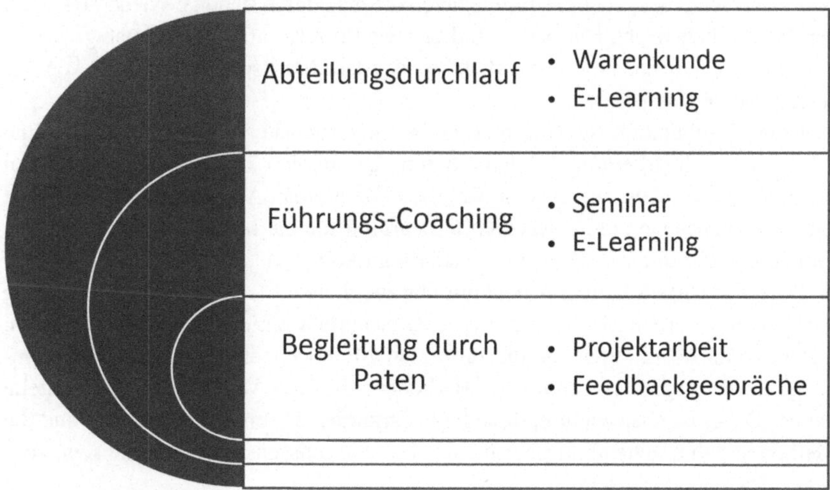

Abb. 2.3 Komplexitätsstufe/Schulungsaufwand

Ein anderes Beispiel für Grenzen der Integration von Einarbeitungsinhalten in den Arbeitsablauf zeigt sich am Beispiel Bedientheke. Das Schneiden z. B. von dünnen Scheiben Edelschinken, der pro Kilo an die 50 € kosten kann, erweist sich nicht nur als komplex, sondern auch als kostenintensiv. Falls der Schinken nicht richtig mit der Maschine bearbeitet wird, kann dieser „zerfleddern" und wird zur Abschrift. Auch bei anderen Lebensmitteln ist ein erhöhter Schulungsaufwand gegeben. Beispielsweise muss man beim Schneiden von Blauschimmel und Rotschmiere zwei verschiedene Messer benutzen, da sonst der Käse verunreinigt wird. Dadurch kann ein finanzieller Schaden entstehen. Das Produkt wird zur Abschrift und der Kunde wird sich aufgrund des Unvermögens des Mitarbeiters einen anderen Ort zum Einkaufen suchen. Hier wäre eine vorhergehende Einweisung in die Schneidemaschine und auch zu den Produkteigenschaften essenziell, um diese Aufgabe in die Praxis umsetzen zu können. Man kann also festhalten: Je höher die Komplexitätsstufe, desto höher der Schulungsaufwand. Nach dem Erklären und Schulen kommt nun die Durchführung, diese wird anfangs noch begleitet, bis der Prozess dem Mitarbeiter in Fleisch und Blut übergegangen ist.

Bei Bewegungsprozessen spricht man oft von „Muscle Memory". Dies beschreibt, dass Bewegungen die sehr oft wiederholt werden, automatisch, ohne aktiv darüber nachzudenken, ausgeführt werden können. Dies funktioniert aber nur durch ständiges und regelmäßiges Wiederholen der Bewegung. Ein Beispiel aus dem Sport sind Boxer, die fast schon mühelos Kombinationen aus mehreren Schlägen und Ausweichbewegungen „abspielen" können. Ein banaleres Beispiel aus der Arbeitswelt wäre das 10-Finger-Schreiben, oder die Tastenkürzel, die man durch ständige Wiederholung an der Tastatur beherrscht. Das bedeutet, dass viele Prozesse oft und regelmäßig wiederholt werden müssen, um verinnerlicht zu werden. Man spricht hier auch von der „unbewussten Kompetenz".

Eine Kombination scheint hierbei der natürlichste Weg zu sein, um eine erfolgreiche Einarbeitung zu garantieren, gerade bei einer höher werdenden Komplexität der Aufgabe. Als ein Rahmen könnte man Abteilungsdurchläufe mit Lieferantenbesuchen und zusätzlich E-Learning Inhalte benutzen, um ein solides Fundament für eine Einarbeitung zu schaffen (Abb. 2.4).

Dies war nur ein kleiner Ausschnitt von möglichen Methoden zur Einarbeitung von neuen Mitarbeitern. Hierzu lässt sich sicherlich ein eigenes Buch verfassen, welches viel detaillierter auf die einzelnen Methoden eingehen kann. Wie eingangs erwähnt gibt es zahlreiche Methoden, die ihre Vor- und auch Nachteile haben. Dabei ist aber wichtig, dass die Programme ergebnisorientiert sind und die Methoden dahin gehend ausgewählt werden. Sie müssen nicht „schön" sein, sondern effektiv und effizient.

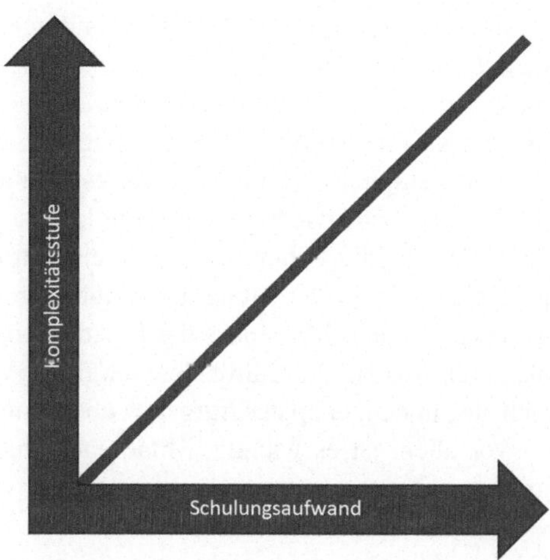

Abb. 2.4 Kombination aus mehreren Methoden

2.4 Ist-Situation

Leider entspricht die Realität von Einarbeitungsprogrammen eben häufig nicht dem Idealbild. Einer der wichtigen Gründe ist, dass man die enorme Bedeutung gar nicht erkennt. Einarbeitungszeit wird als Zeit gesehen, die der Mitarbeiter nicht produktiv auf der Fläche arbeitet. Dabei wird aber übersehen, dass eine Einarbeitung Grundvoraussetzung ist, um überhaupt produktiv arbeiten zu können. Ein anderer Aspekt ist die mangelnde Akzeptanz von Plänen, die nicht vom Fachbereich erstellt wurden und daher einfach am Bedarf vorbeigehen oder in einer „Wir-gegen-die"-Mentalität, die im Einzelhandel nicht selten ist, als Produkt der vertriebsfernen Zentrale abgelehnt wird. Dennoch müssen neue Mitarbeiter schrittweise an Aufgaben herangeführt werden und das ist eine Führungsaufgabe. Wie schon im Reifegradmodell erwähnt, muss der „enthusiastische Anfänger" eben enger geführt werden und braucht kürzere Rückkoppelungen als der Top Performer. Hier ist Einfühlungsvermögen der Führungskraft gefragt, welches aber oft fehlt. Bei vielen altgedienten Führungskräften im Vertrieb hat schlichtweg noch kein Umdenken in Bezug auf ihre Rolle stattgefunden oder aber die Unternehmenskultur honoriert ein solches Verhalten eben nicht. So entstehen Konflikte, gerade mit jüngeren Mitarbeitern, die eine gänzlich andere Lebensphilosophie vertreten. Diese begreifen ihren Vorgesetzten eher als einen Coach, der sie in ihrer Entwicklung unterstützt. Tatsächlich kann man auch bei den Vertretern der Generation Y und Z eine deutlich niedrigere Unsicherheitstoleranz beobachten als bei vorangegangenen Generationen, was eine höhere Unterstützungs- und Kontrollleistung durch die Führungskraft erfordert.

Ein weiterer Grund für das Nichtdurchführen strukturierter Einarbeitungen, gerade im Einzelhandel, ist der Faktor Zeit. Man steht unter dem Druck, immer mehr mit immer weniger zu leisten. Das birgt die Gefahr in sich, dass getrieben und nur noch reagiert wird, statt strategisch zu handeln. Man wird von A-Aufgaben (wichtig/dringlich) förmlich aufgefressen und hat nicht mehr die Zeit, sich um die B-Aufgaben (wichtig/nicht dringlich) zu kümmern. Diese neigen dann jedoch dazu, A-Aufgaben zu werden. Für eine strukturierte Einarbeitung benötigt man jedoch Zeit für Vorbereitung, Durchführung, oder Nachbereitung. Diese Zeit muss gegeben werden. Man muss die Einarbeitung als Investition betrachten und nicht als puren Kostenfaktor. Investiere ich meine Arbeitszeit in den Mitarbeiter, zahlt es sich aus, in dem er später Aufgaben übernimmt und mich so entlastet.

Vor allem ist es wichtig, Mitarbeiter umfassend einzuarbeiten und Leistungsgrenzen auszuloten, um sie bestmöglich vorzubereiten. Die Angst, ersetzt zu werden, ist heutzutage unbegründet, wenn man diese realistisch hinterfragt. Das Credo: „Ich säge doch nicht an meinem eigenen Stuhl", ist mehr als antiquiert. und damit nicht mehr zeitgemäß. Das Ziel einer Führungskraft sollte es sein, seine Mitarbeiter ständig weiterzuentwickeln und sie so gut zu entwickeln, dass man selbst im Prinzip überflüssig wird. Das Ziel muss eine selbsttragende Organisation sein.

Auch die Einstellung: „Einarbeitung macht man so nebenbei" ist ein völlig falscher Ansatz, der aber immer noch viel zu häufig praktiziert wird. Gerade im Lebensmitteleinzelhandel, wo der Kostendruck enorm hoch ist, wird meist wenig Zeit eingeräumt, sich der Einarbeitung in angemessenem Umfang zu widmen.

Dieser Kostendruck hat jedoch auch noch einen anderen Effekt. Oft werden die neuen Mitarbeiter erst dann rekrutiert, wenn der Bedarf eingetreten ist und somit bleibt für die Einarbeitung keine Zeit. Bei bekanntem Ausscheiden eines Mitarbeiters aus dem Unternehmen wird häufig keine Überlappung mit dem neuen Mitarbeiter eingeplant. Wenn man die Einarbeitung aber als Investition betrachtet, sind dies die falschen Wege. Denn am Ende hat man einen demotivierten Mitarbeiter der nur Ware verräumen kann, anstatt des Top-Mitarbeiters der auch eine Urlaubsvertretung für die Führungskraft übernehmen könnte. Damit neue Mitarbeiter nicht für andere Tätigkeiten missbraucht werden, muss ein Unternehmen aber auch die nötigen Rahmenbedingungen schaffen, eine betriebliche, aber unabhängige Ausbildungsbetreuung wäre ab einer gewissen Anzahl von Auszubildenden eine sinnvolle Investition. Diese sollte eine Schnittstelle zu den ausbildenden Führungskräften und der Personalabteilung sein. Des Weiteren muss das Unternehmen auch eine Kultur etablieren, in der eine Einarbeitung als gewinnbringende Investition angesehen wird. Hierzu muss das nötige Budget zur Verfügung gestellt werden, damit die Einarbeitung auch gelingen kann.

Einarbeitung muss vor allem geplant und organisiert werden. Nach der Einstellung beginnt unmittelbar die Einarbeitung. Dabei ist die Kommunikation zwischen der Personalabteilung und der jeweiligen Abteilung erfolgskritisch. Die grundlegenden Fragen müssen jedoch schon vor Beginn der Einarbeitung geklärt werden. Sobald Zeit, Ort und Verantwortliche abgeklärt worden sind, kann der Verantwortliche, zum Beispiel der Filialleiter, mit den Vorbereitungen beginnen. In der Realität passiert es häufig, dass Abteilungen oder Filialen nicht informiert wurden oder aber dass die notwendigen Ansprechpartner zu dem Zeitpunkt nicht verfügbar sind, sei es durch Urlaub oder andere Gründe. Daher muss zwingend eine zeitliche und inhaltliche Planung mit allen Stakeholdern durchgeführt werden. Wichtig ist, dass diese Kommunikation keine Einbahnstraße ist, sondern dass der Personalbereich auch wichtige Impulse aus dem Vertrieb aufnimmt.

Aber manchmal kann zu viel Information kontraproduktiv sein. Wenn ein Kennenlern-Rundgang in der Filiale zu einer Informationsflut wird, kann es zu einem sogenannten „Information Overload" kommen, also einer regelrechten Überflutung an Information. Als neuer Mitarbeiter bekommt man sehr viele neue Eindrücke und will sich in einer gewissen Weise profilieren, wenn dann noch eine Informationswelle über einen hereinbricht, kann dies schnell frustrierend sein. Besser ist es, die Informationen gezielt einzusetzen. Das bedeutet, dass Information und Inhalte durch einen strukturierten, aber dennoch flexiblen Plan vermittelt werden sollen. Es geht also um die Balance zwischen allgemeinen Qualitätsstandards und Individualität.

Die Führungskraft ist dabei aber die direkte Schnittstelle zwischen Unternehmen und dem neuen Mitarbeiter. Zielgerichtete Kommunikation zwischen den relevanten Akteuren, die sich um die Einarbeitung kümmern ist hierbei unerlässlich, sowie eine gute Vorbereitung und den Willen, einen Menschen zu fördern. Hierfür gibt es zahlreiche positive Beispielunternehmen, die es geschafft haben, das Thema der Einarbeitung als Nutzen und nicht als Kostenfaktor zu betrachten.

3 Programmgestaltung

Grundsätzlich unterscheidet man bei der Einarbeitung als Maßnahme „into the job“ zwischen Elementen „on the job“ und „off the job“. „On-the-job“-Elemente können kurze Einweisungen auf der Fläche sein, Warenkunde am Regal, Feedback zur Arbeit etc. „Off-the-job“-Maßnahmen verlangen, dass der Mitarbeiter aus dem Tagesgeschäft herausgelöst wird und z. B. an einer Schulung teilnimmt.

Da also viele Aspekte von Einarbeitungsprogrammen informell erfolgen und „off-the-job“- Maßnahmen in das Tagesgeschäft integriert bzw. mit diesem vereinbart werden müssen, droht immer die Gefahr, dass diese Programme nicht oder nur teilweise umgesetzt werden. Da das vorangegangene Kapitel ja gezeigt hat, dass Einarbeitung essenziell für die Erreichung der unternehmerischen Ziele ist, ist es also wichtig, Verbindlichkeit in diesen Prozess zu bringen. Dies bedeutet, dass der Prozess, die Lernziele und vor allem die Verantwortlichkeiten klar definiert und dokumentiert werden müssen.

Man kann versucht sein, darin nun einen bürokratischen Aufwand zu sehen, aber zum einen ist es jedem Unternehmen selbst überlassen den Detailierungsgrad der Dokumentation zu bestimmen und zum anderen muss man sich darüber im Klaren sein, dass es sich um einen Planungs- und Evaluierungsprozess handelt, der ein gewisses Maß an Verbindlichkeit erfordert.

3.1 Rollen und Verantwortlichkeiten

Im ersten Schritt sind klare Rollen und Verantwortlichkeiten zu bestimmen. Auf übergeordneter Unternehmensebene ist zu klären, wo eine Gesamtverantwortung angesiedelt ist. Diese Funktion trägt dafür Sorge, dass die definierten Einarbeitungspläne eingehalten werden und dass die Qualität der Einarbeitung stimmt. Da die Einarbeitung für das Unternehmen erfolgskritisch ist, muss diese Funktion auch die

© Springer Fachmedien Wiesbaden GmbH, ein Teil von Springer Nature 2019
T. Krings und F. Nieland, *Onboarding-Prozesse im Einzelhandel*, essentials,
https://doi.org/10.1007/978-3-658-24921-2_3

Möglichkeit haben, bei Nichteinhaltung der Vorgaben zu sanktionieren. Im Klartext heißt das, dass der Erfolg eines Mitarbeiters oder einer Führungskraft auch daran gemessen wird, ob Einarbeitungsprogramme vorschriftsgemäß und effektiv umgesetzt wurden. Insofern ist es eine entscheidende Frage, ob man diese Funktion im Personalbereich oder im Vertrieb ansiedelt, da der Personalbereich in den meisten Einzelhandelsunternehmen wenige Interventionsmöglichkeiten hat. Mit anderen Worten: dort, wo die Nichteinhaltung von Einarbeitungsplänen keine disziplinarischen Konsequenzen hat, ist die Erfolgschance gering. Legt man eine solche zentrale Verantwortung fest, ergibt sich die Möglichkeit, die Daten zentral zu erfassen und zu verdichten. So kann man z. B. Muster erkennen und Einarbeitungsqualität mit Fluktuation oder anderen Kennzahlen (z. B. Abschriften) korrelieren oder besonders geeignete Ausbildungsmärkte identifizieren.

Da die Verantwortung für eine Führungsaufgabe nicht delegierbar ist (im Gegensatz zur Aufgabe selber), bleibt die Gesamtverantwortung für den Einarbeitungsprozess bei dem, der die Ergebnisverantwortung (Umsatz, Ergebnis) trägt. Im Einzelhandel ist dies also der Filial-, Markt- oder Hausleiter. Dieser ist in seinem Einflussbereich für die Einhaltung zuständig. Im Falle von Mitarbeitern, die direkt an ihn berichten, ist er auch für die operative Umsetzung der Einarbeitungspläne zuständig. Bei anderen Positionen wird die Verantwortung in der Regel delegiert. Dies kann der Vorgesetzte sein oder aber ein Ausbildungsverantwortlicher. Innerhalb des Einarbeitungsprozesses kann eine weitere Delegation stattfinden, so z. B., weil es inhaltliche oder fachliche Expertise gibt oder weil eine Einarbeitung in einem angrenzenden Bereich erfolgt. Je komplexer der Einarbeitungsprozess ist bzw. je mehr Schnittstellen es gibt, desto größer ist die Wahrscheinlichkeit, dass Fehler passieren, weil Verantwortlichkeiten nicht für alle Beteiligten eindeutig geklärt sind. Insofern gehört zu jeder Planung und Dokumentation eine klare Festlegung der Verantwortlichkeiten sowie die Möglichkeit zu dokumentieren, dass die Verantwortlichen ihren Verpflichtungen nachgekommen sind.

Ist der Ausbildungsverantwortliche nicht auch der Vorgesetzte, so kann es zu Missverständnissen in Bezug auf die Weisungsbefugnis kommen. Grundsätzlich ist also zu klären, welche Befugnisse auf den Ausbilder übergehen. Dies gilt besonders dann, wenn man prozessbegleitende Funktionen wie einen Mentor hat, der bewusst außerhalb der Hierarchie angesiedelt ist.

3.2 Anforderungen

Eine gezielte Einarbeitung kann nur dann erfolgen, wenn die Anforderungen klar und eindeutig definiert sind. Dies geschieht in Form eines Anforderungsprofils. Dies wird konsequent aus der Stellenbeschreibung abgeleitet. Im ersten Schritt muss als beschrieben werden, welche Haupt- und Nebenaufgaben die Stelle beinhaltet.

Zielführend ist ein Anforderungsprofil nur, wenn man beschreiben kann, was genau eine Person wissen und/oder können muss, um in einer Position erfolgreich zu sein. Die Forschung zu diesem Thema reicht bis in die 50er Jahre zurück. Damals untersuchte John Flanagan, weshalb die Abbrecherquote in der Pilotenausbildung bei der Luftwaffe unverhältnismäßig hoch war. Man fand heraus, dass die Anforderungsprofile extrem umfangreich und ungewichtet waren und daher auch zu ungenau. Man konnte also als Pilot ausgewählt werden, wenn man viele unwichtige Punkte erfüllte, aber keine der erfolgskritischen. Mit empirischen Methoden (Beobachtungen und Experteninterviews) betrachtete man also erfolgreiche und erfolglose Teilnehmer und arbeitete dann die wirklich erfolgskritischen Faktoren („Critical Incidents") heraus.

Anforderungen definiert man also so, dass sie das enthalten, was über Erfolg oder Misserfolg im Job entscheidet und so, dass man durch beobachtbares Verhalten oder Tests messen kann, ob diese erreicht sind (vgl. Krings 2017, S. 2 ff.).

Folgendes Beispiel zeigt ein klar definiertes, konsequent aus der Stellenbeschreibung abgeleitetes Anforderungsprofil:

Vertriebsleiter Baumarkt
Aufgaben:

- Verantwortung für Umsatz und operatives Geschäft in der Region.
- Disziplinarische und fachliche Führung von 12 Filialleitern
- Coaching von Trainees mit stärkenorientiertem Führungsverständnis.
- Eigenverantwortliche Leitung der regionalen Niederlassung, mit Ausbildungsabteilung (2 MA), Vertriebscontrolling (1 MA), Werbeabteilung (1 MA) sowie 1 MA Verwaltung allgemein.
- Konzeption und Umsetzung regionaler Marketingaktionen (Print & Event) im Rahmen der Gesamtstrategie.
- Eigenständige Entscheidung bei der Auswahl neuer Filialleiter.
- Lösung arbeitsrechtlicher Konflikte.
- Filialeröffnungen und -schließungen.

Die Position ist dem Landesdirektor unterstellt, der direkt dem Vorstandsvorsitzenden unterstellt ist. Die Stelle ist mit Prokura versehen. In ihrer Verantwortung liegen Filialeröffnungen und -schließungen.

Die Mitarbeit in mindestens einer ständigen Arbeitsgruppe auf Konzernebene (Marketing, Personal oder Vertrieb) ist ebenfalls Bestandteil Ihrer Tätigkeit.

Anforderungen:

- Studium der BWL mit Schwerpunkt Einzelhandel.
- Erfolgreiche Tätigkeit in der Führung mehrerer Filialen inkl. Filialeröffnungen und -schließungen, Personal- und Budgetverantwortung
- Führung von Mitarbeitern und Führungskräften nach dem Modell der Positiven Psychologie, erfolgreiche Entwicklung von Nachwuchskräften sowie Durchführung von Zielvereinbarungsgesprächen.
- Gute Kenntnisse im Umgang mit Systemen zur flexiblen Arbeitszeitplanung, (tisowarePEP).
- Kenntnisse des individuellen und kollektiven Arbeitsrechts, inkl. bzgl. der Verhandlung von Betriebsvereinbarungen sowie Einstellungen und Entlassungen.
- Ausbildereignungsprüfung
- Konzeption und Durchführung von operativen Marketingmaßnahmen (Event & Print).
- Vertriebscontrolling (Benchmarking, ABC-Analyse, Verknüpfung von Kennzahlen zu einem System, Vertriebserfolgsrechnung).

3.3 Inhalte

Wie sich gezeigt hat, müssen die Inhalte je nach Aufgabenbereich und Ausbildungsstand des Mitarbeiters gestaltet bzw. angepasst werden. Dennoch gibt es auch Argumente dafür, eine Standardisierung konsequent beizubehalten. Zum einen gibt es die große Gefahr, dass solche Pläne in der Beliebigkeit enden, wenn sie nicht konsequent eingehalten werden. Zum anderen aber sind viele Inhalte ja nicht allgemein, sondern unternehmensbezogen. Erfahrungen bei einem anderen Unternehmen sind nur bedingt in eine neue Organisation übertragbar. Als Beispiel kann hier die Firma Praktiker Bau- und Heimwerkermärkte AG dienen.

Da sich kritische Bewertungen der Kundenorientierung häuften, war Vertrieb und Personalentwicklung klar, dass es bei Praktiker künftig einheitliche Standards für die Definition von Kundenorientierung geben muss. Da man jedoch gleichzeitig diskontierender Baumarkt sein wollte, war ebenfalls klar, dass der Begriff „Kundenorientierung" zum Anspruch der Preis- und Kostenführerschaft passen musste. Das bedeutet also, dass der Kunde bei Praktiker eine eingeschränkte Version von Kundenorientierung erwarten kann, z. B. im Gegensatz zu Bauhaus oder Hornbach, die sich als Fachhändler begreifen. Folglich erarbeitete man das Programm FAOL, das für „Freundlichkeit", „Aufmerksamkeit", „Ordnung" und „Lösungsorientierung" stand und eine Art Minimalanforderung darstellte. Darin war klar definiert, dass es auch ein Zuviel an Dienstleistung am Kunden gibt. Diese Unterschiede müssen dem Mitarbeiter vermittelt werden, damit er die Möglichkeit hat, sein Verhalten an das neue Umfeld anzupassen. Ähnlich verhält es sich mit Themen wie Unternehmens- und Führungsgrundsätze. Auch unternehmensinterne Abläufe wie z. B. Dispositionsprozesse, Mitarbeitergespräche etc. sind sinnvollerweise immer für jeden neuen Mitarbeiter zu schulen.

Bei der Definition der Inhalte eines Einarbeitungsplans sind immer mehrere Perspektiven zu berücksichtigen:

Unternehmen Der Mitarbeiter kennt das Unternehmen, seine Grundsätze (z. B. Compliance Regeln) und die für ihn relevanten Schnittstellen. Er weiß wie seine Stelle in der Hierarchie eingeordnet ist, welche Kompetenzen damit verbunden sind, wer ihn vertritt und wen er vertritt.

Ware Der Mitarbeiter hat die notwendigen Warenkundeschulungen erhalten, um die Ware erfolgreich zu disponieren, zu lagern und zu verkaufen. Zwei Beispiele sollen erläutern, warum dies komplexer sein kann als es zunächst erscheint. Discounter nehmen immer wieder hochwertige Weine in ihre Sortimente auf und bieten diese hauptsächlich in Aktionen an. Zwischen Aktionen muss der Wein im Markt gelagert werden. Man kann immer wieder beobachten, dass Weine z. B. in der Backnische gelagert werden, was letztlich dazu führen wird, dass der Wein ungenießbar ist. Aber auch eine Einweisung in die zur Verarbeitung der Ware notwendigen Gerätschaften gehört dazu. Bei der Praktiker AG entstanden z. B. sehr hohe Reparaturkosten für Plattensägen, da es viele Mitarbeiter gab, die diese bedienen mussten, aber nie eingewiesen wurden. Bei der Warenkunde ist einerseits darauf zu achten, dass der Mitarbeiter diese so gut kennt, dass keine Abschriften durch fehlerhaften Umgang entstehen. Andererseits ist zu berücksichtigen, welchen Anspruch an Beratungskompetenz der Anspruch an Sortimentsbreite und -tiefe erfordert.

Prozess Jedes Unternehmen hat klar definierte Prozesse, die sich meistens auch von denen anderer Unternehmen unterscheiden. Hierzu gehören Dispositionsprozesse, Warenumlagerung, Planung von Arbeitszeiten und in vielen Unternehmen mittlerweile auch Employee Self Services, über die Mitarbeiter Urlaub und Dienstreisen beantragen und die eigenen Daten pflegen. Ein Sonderfall liegt dann vor, wenn z. B. Konzepte wie Lean Management oder KVP eingesetzt werden. Hier ist eine detaillierte Einführung unerlässlich, denn zum einen gibt es in solchen Fällen häufig ein detailliertes Regelwerk und zum anderen werden solche Systeme nur dann effektiv angewandt, wenn der Mitarbeiter den Nutzen versteht.

Führung Führung ist ein Ausdruck der Unternehmenskultur und Führungsleitlinien definieren das von Führungskräften erwartete Verhalten im Unternehmen und den Maßstab an den deren Erfolg gemessen wird. Dabei gibt es fixierte Regeln und Vorschriften und ungeschriebene Gesetze. Der erste Aspekt kann durch das Lesen von Dokumenten, Online-Tutorials oder aber Seminare vermittelt werden. Informelle Aspekte sind natürlich immer schwierig auf formelle Strukturen zu übertragen. Daher bietet es sich an, in Einarbeitungspläne auch prozessbegleitende Maßnahmen wie Mentoring zu integrieren. Gerade hier ist wichtig, dass es „Leitplanken" gibt, da alles was informell ist, schnell auch unverbindlich wird. Man kann z. B. eine Mindestanzahl von Treffen zwischen Mentor und Mentee vorschreiben.

3.4 Weitere Elemente

Grundsätzlich muss ein Einarbeitungsplan also die relevanten Inhalte aus diesen vier Bereichen enthalten. Dazu muss verbindlich festgehalten werden, wer die Gesamtverantwortung trägt und wer für einzelne Schritte verantwortlich ist. Ebenso sind Zeiträume festzuhalten. Das hat zwei Gründe: zum einen gibt es Schritte, die sinnvollerweise aufeinanderfolgen. Zum anderen aber muss auch klar sein, wann geprüft werden kann, ob die Einarbeitung erfolgreich war oder nicht. Letztlich weiß man auch aus dem Zeitmanagement, dass alle B-Aktivitäten (wichtig/nicht dringlich) terminiert werden sollen, damit sie nicht in Vergessenheit geraten.

3.5 Beispielhafter Einarbeitungsplan

In diesem Beispiel zeigt sich, dass der Einarbeitungsprozess auf die Probezeit gelegt wurde, sodass bei einer abschließenden Beurteilung ausgeschlossen werden kann, dass Minderleistung durch mangelnde Güte der Einarbeitung bedingt ist. Die ersten Wochen sind deutlich intensiver in Bezug auf Einarbeitungsinhalte. Dies liegt daran, dass zunächst die Inhalte vermittelt werden müssen, die zur Verrichtung der Aufgaben inhaltlich und vielleicht aus rechtlicher Sicht (z. B. HACCP Schulung) notwendig sind. Je schneller dies geschieht, desto früher ist der Mitarbeiter voll einsatzfähig. Die Dichte der Inhalte wurde danach ausgedünnt, damit auch die Umsetzung am Arbeitsplatz bewertet werden kann, denn dazu ist eine gewisse Präsenz ja erforderlich. In diesem Plan wurden auch die regelmäßigen Feedbackgespräche mit dem Marktleiter terminiert (Abb. 3.1). Diese setzen relativ spät ein, damit sichergestellt ist, dass der Mitarbeiter die Möglichkeit hatte, Wissen und Fähigkeiten zu entwickeln. In Bezug auf die Maßnahmen stellt das Programm eine ausgewogene Mischung aus „On-the-job“- und „Off-the-job“-Maßnahmen dar. Denkbar ist sicherlich auch, die Warenkundeschulung Fleisch auf der Fläche durchzuführen, wenn die notwendigen Kompetenzen vorhanden sind.

Name	Detlef Schablonski	
Verantwortlicher	Uwe Dietrich Marktleiter	
Position	Stellvertretender Marktleiter	
KW 1	Inhalt	Verantwortlich
Montag	Marktrundgang: Gespräche mit Als: - Frische - Obst und Gemüse - Food - Non-Food - Kassenaufsicht - WE-Leitung - Vorstellung auf Montagsbesprechung/ Schichtübergabe	Dietrich
Dienstag	Schulung SelectLine Warenwirtschaftssystem (Schulungszentrum Moosbach)	Orga-AD
Mittwoch	Schulung TisoWarePEP Personaleinsatzplanung (Schulungszentrum Moosbach)	Orga-AD
Donnerstag	- Einweisung Kassenprozesse - Einweisung Retourenmanagement	Kassenaufsicht WE-Leitung
Aufgabe	Bis Ende der Woche lesen: - Orga-Handbuch Kapitel 1 (Revision) - Compliance Regeln (online Test) - Hausordnung (Online Test)	Schablonski
KW 2		
Montag	Warenkundeschulung Fleisch 1 (Fleischwerk Bockmühle)	AL Fleisch
Dienstag	Warenkundeschulung Fleisch 2 (Fleischwerk Bockmühle)	AL Fleisch
Mittwoch	Einweisung ESS	Fr. Müller
Aufgabe	Bis Ende der Woche lesen: - Führungsgrundsätze	Schablonski
KW 4		
Mittwoch	HACCP Schulung (IHK Gunzhausen)	Personalentwicklung
KW 5		
Montag-Mittwoch	Seminar: „Führung für Stellvertreter" (Schulungszentrum Moosbach)	Personalentwicklung
KW 6		
	Feedbackgespräch	Dietrich
KW 7		
	Begrüßung neuer Mitarbeiter (Zentrale Königswursthausen)	Personalentwicklung
KW 8		
	Web based Training: AGG (Test)	Schablonski
KW 9		
	Feedbackgespräch	Schablonski
KW 10		
Montag	Lean Management Workshop (Schulungszentrum Moosbach)	Personalentwicklung
KW 11-12		
	Urlaubsvertretung AL Frische	Dietrich
KW 13		
	Feedbackgespräch	Dietrich
KW 16		
	Abschlussfeedback Probezeit	

Abb. 3.1 Einarbeitungsplan

Lernzielkontrolle 4

Im Einarbeitungsplan sind zunächst die Inhalte zu definieren, die ein neuer Mitarbeiter kennenlernen muss. Entscheidend für den Erfolg oder Misserfolg der Einarbeitung ist jedoch der Transfer des Gelernten in die tägliche Arbeit. Folglich müssen Lernziele definiert werden, die dann überprüft werden können. Ein Ziel unterscheidet sich von einer Maßnahme bzw. einem Inhalt dadurch, dass es beschreibt, was nach der Maßnahme messbar anders ist als vorher.

4.1 Lernzieltaxonomie

Man unterscheidet grundsätzlich drei Formen von Lernzielen (vgl. Krings 2018, S. 161 ff.), nämlich kognitive, affektive und psycho-motorische.

4.1.1 Kognitive Lernziele

Kognitive Lernziele betreffen den Verstand. Es geht also um Wissen, Verstehen und Kennen.

Bei der Definition kognitiver Lernziele sind drei Teile zu berücksichtigen:

Im ersten Schritt wird das Ergebnis des Lernprozesses definiert, das in Form beschreib- und beobachtbarem Verhalten festgelegt wird (z. B. Sie können Grafiken erstellen).

Im zweiten Teil werden die Ziele dadurch operationalisiert, dass die Rahmenbedingungen bzw. die Mittel beschrieben werden mit denen dieses Ziel erreicht wird (z. B. mit Microsoft PowerPoint).

© Springer Fachmedien Wiesbaden GmbH, ein Teil von Springer Nature 2019
T. Krings und F. Nieland, *Onboarding-Prozesse im Einzelhandel*, essentials,
https://doi.org/10.1007/978-3-658-24921-2_4

Der letzte Teil beschreibt schließlich das Ergebnis. Dies kann sich z. B. auf Arbeitsgüte, Menge oder Zeit beziehen. Es beschreibt die Art des verlangten Ergebnisses (z. B. mit drei Farben und zwei Animationen).

Bei Lernzielen unterscheidet man dann auch nach der Lernzieltaxonomie nach Bloom die einzelnen Stufen (Krings 2018, S. 159):

Taxonomiestufe 1 Wissen, Kenntnisse (Reine Reproduktion des Gelernten)
Taxonomiestufe 2 Verständnis (Wurden die Inhalte verstanden?)
Taxonomiestufe 3 Anwendung (Kann der Lernende etwas damit anfangen?)
Taxonomiestufe 4 Analyse (Der Lernende setzt sich kritisch mit den Inhalten auseinander und erkennt Zusammenhänge)
Taxonomiestufe 5 Synthese (Der Lernende kann das Gelernte nun mit anderen Elementen kombinieren und in einem neuen Zusammenhang anwenden)
Taxonomiestufe 6 Bewertung (Der Lernende kann das Gelernte nutzen, um sich ein Urteil über neue Situationen zu bilden)

Welche Methoden der Vermittlung, Lerninhalte und Lernprozesse man wählt, ist also abhängig vom jeweils formulierten Lernziel und der entsprechenden Taxonomiestufe. Insofern kommt der klaren Zieldefinition bei Einarbeitungsmaßnahmen eine große Rolle zu und sie definiert die Ansprüche an die Methodenkompetenz des Durchführenden.

Beispiele für kognitive Lernziele in der Einarbeitung im Einzelhandel

1. Der Mitarbeiter ist in der Lage, die Personalplanung für einen Markt mit 16 h Öffnungszeiten und mindestens 80 Mitarbeitern mithilfe des Programms TisoWare PEP so zu planen, dass die Kostenvorgaben mindestens eingehalten werden und die zulässigen Arbeitszeiten nicht überschritten werden.
2. Der Mitarbeiter ist in der Lage mit dem Warenwirtschaftsprogramm KHK Plus das Fleisch für den Folgetag so zu bestellen, dass Abschriften in Höhe von max. 0,5 % entstehen und keine Out-of-Stock-Situation.
3. Der Mitarbeiter kennt den HACCP Prozess, die damit verbundenen Vorschriften und kann diese ohne Hilfsmittel in der Obst- und Gemüseabteilung anwenden.
4. Der Mitarbeiter kennt die Compliance-Vorschriften der Firma XYZ und kann diese ohne Hilfsmittel in der Interaktion mit Mitarbeitern, Kunden und Lieferanten anwenden.

4.1.2 Psychomotorische Lernziele

Psychomotorische Lernziele = Können, Handeln, Tun werden physisch trainiert (daher spricht man auch häufig von einem Verhaltenstraining) und reflektiert. Aus diesen beiden Komponenten setzt sich dann der Begriff „psychomotorisch" zusammen. Ein korrekt definiertes psychomotorisches Lernziel besteht ebenfalls aus drei Teilen. Auch hier wird das Endverhalten beschrieben, dann die Bedingungen und der Maßstab ergänzt. Ein konkretes Beispiel aus einem Kommunikationstraining soll dies erläutern: Sie können positives wie kritisches Feedback nach der dreiteiligen Ich-Botschaft für die Zielgruppe Verkäufer geben und mit Einwänden durch kontrollierten Dialog umgehen. Der Endzustand muss also immer mit „Die Teilnehmer können" oder „Die Teilnehmer sind in der Lage" anfangen. Sprachlich ist hier auf eindeutige Formulierungen zu achten und präzises Vokabular zu achten, insbesondere dann, wenn man eine Lernzielkontrolle durchführen will.

Generische Aussagen sind auf jeden Fall zu vermeiden. Falsch wäre z. B.: „Der Teilnehmer kann Feedback geben". Dieses Lernziel wäre nur dann überprüfbar, wenn man definiert, was Feedback überhaupt ist und welche Zielgruppe damit angesprochen wird. Die Fähigkeit, klare Lernziele im psychomotorischen Bereich zu formulieren, zeichnet einen guten Ausbilder aus.

Beispiele für psychomotorische Lernziele

1. Der Mitarbeiter ist in der Lage eine Kasse mithilfe des Wagens für Verbrauchsartikel gemäß den Vorgaben zu bestücken.
2. Der Mitarbeiter ist in der Lage in korrekter Körperhaltung, Ware so zu verräumen, dass er sich nicht den Rücken verletzt.
3. Der Mitarbeiter ist in der Lage, einen Warenaufbau im Bereich Wein mit den Schütten des Unternehmens XYZ so zu gestalten, dass die Flaschen sicher stehen.

4.1.3 Affektive Lernziele

Affektive Lernziele betreffen Gefühle, Einstellungen und Werte. Sie werden über die Reflexion, den Austausch und die praktische Anwendung geübt. Dies ist zum Beispiel bei einem Führungstraining der Fall, denn dabei geht es ja nicht nur um die psychomotorische Fähigkeit, bestimmte Aufgaben durchzuführen oder Situationen kommunikativ zu gestalten, sondern vor allem auch um das dahinterstehende Menschenbild. Dies wiederum ist natürlich sehr stark von der eigenen Persönlichkeit, Motivation und Werten geprägt, sodass es hier auch nur begrenzte Möglichkeiten der Erreichung von Lernzielen gibt, insofern diese mit o. g. Faktoren Im Widerspruch stehen. Auch hier gilt wieder, dass ein professionell definiertes Lernziel die drei Teile Endverhalten, Bedingungen und Maßstäbe enthält. Bsp.: Sie können Ihrem Mitarbeiter klar machen, dass sein wiederholtes Zuspätkommen nicht akzeptabel ist, ohne dabei zu drohen und Sie sind dabei überzeugend.

Es zeigt sich, dass in der Anwendung personalentwicklerischer Instrumente selten nur einzelne Lernziele erreicht werden, sondern dass es, wie beim Führungstraining, häufig eine Abfolge von verschiedenen Lernzielen sind. So muss man sich kognitiv Wissen über das Thema Führung aneignen, die Empathie erarbeiten und schließlich über die Fähigkeit verfügen, bestimmte Führungswerkzeuge effektiv anzuwenden.

Beispiele für affektive Lernziele in der Einarbeitung

1. Der Mitarbeiter kann einem Untergebenen in einem Satz erläutern, warum das Tragen von Schutzkleidung im Wareneingang notwendig ist.
2. Der Mitarbeiter kann einem Untergebenen im Marktalltag ein kritisches Feedback nach dem Modell der 3-teiligen Ich-Botschaft geben.
3. Der Mitarbeiter kann einem anderen Mitarbeiter ohne Hilfsmittel eine kritische Rückmeldung geben, wenn sein Verhalten nicht AGG (Allgemeines Gleichbehandlungsgesetz) konform ist.

4.2 Messung von Lernerfolg

Grundsätzlich muss man den Lernfortschritt in der Einarbeitung auf zwei Ebenen messen. Zum einen innerhalb des Prozesses selber, um ggf. Korrekturen vornehmen zu können oder um den Einarbeitungsplan ggf. anpassen zu müssen, wenn ein Element auf dem anderen aufbaut. Hat jemand z. B. den Dispositionsprozess nicht verstanden, so macht es keinen Sinn, ihn in eine Schulung zur Anwendung der notwendigen Software zu schicken. Grundsätzlich ist dabei zu berücksichtigen, dass solche Leistungskontrollen mitbestimmungspflichtig sind.

Zur Messung des Lernfortschritts in der Einarbeitung gibt es mehrere Methoden:

4.2.1 Wissenstests

Diese können heute z. B. recht einfach in Online-Module integriert werden und der nächste Schritt im Einarbeitungsprogramm kann erst erfolgen, wenn die Prüfung erfolgreich abgelegt wurde. Diese Tests können natürlich auch in Papierform erfolgen oder in einem Gespräch stattfinden (z. B. Warenkunde).

4.2.2 Messungen

Messungen in Bezug auf Arbeitsgüte und -menge können vorher/nachher Messungen durchgeführt werden bzw. die Leistung kann mit denen anderer Mitarbeiter verglichen werden. Hierbei ist jedoch zu beachten, dass dies für den Mitarbeiter nachvollziehbar sein muss, wenn es seiner Entwicklung dienen soll. Daher muss die Messung und die Rückmeldung auf Basis eindeutiger und transparenter Kennzahlen erfolgen.

4.2.3 Feedback

Da Tests sehr formal sind und daher auch gerade bei Führungskräften auf ein Akzeptanzproblem stoßen können, bietet es sich an, regelmäßige Feedbackschleifen zur Entwicklung des Mitarbeiters in den Ausbildungsplan zu integrieren. Hierbei ist jedoch entscheidend, dass dies nicht unverbindlich bleibt, sondern zum einen klare Standards (Soll) definiert sind und dass der Einarbeitungsverantwortliche offen und ehrlich Rückmeldung gibt. Dieses Feedback kann positiv wie kritisch sein. Es empfiehlt sich in diesem Falle nicht, die Struktur der 3-teiligen Ich-Botschaft anzuwenden.

Diese lautet:

a) Was habe ich beobachtet?
b) Was löst das in mir aus?
c) Was wünsche ich mir für die Zukunft?

In diesem Modell ist das Feedback lediglich eine Rückmeldung der Fremdwahrnehmung, die der Feedbacknehmer akzeptieren kann oder aber auch nicht. Diese unverbindliche Form des Feedbacks eignet sich also nicht für eine Steuerung des Einarbeitungsprozesses.

Daher wendet man in solchen Situationen das sogenannte Performance-Feedback an:

a) Was wurde beobachtetet?
b) Was ist der Standard?
c) Was ist die Konsequenz?

An einem konkreten Beispiel illustriert bedeutet das:

a) Sie haben das Altwarenmanagement am Mittwoch erledigt.
b) Es muss jedoch am Dienstag erledigt werden.
c) Als Konsequenz kann die Ware nicht mehr umgelagert werden und wird uns als Abschrift gebucht.

4.2.4 Bewertungen

Insbesondere, wenn die Einarbeitung aus mehreren Stationen besteht, ist es sehr sinnvoll, jede mit einer Bewertung zu beenden. Diese Bewertung sollte jedoch aus zwei Richtungen erfolgen. Zum einen sollte der Einzuarbeitende die Qualität seiner Einarbeitung bewerten, da so Schwachstellen aufgedeckt werden können. Zum anderen aber muss natürlich auch die Leistung bzw. der Lernfortschritt des Einzuarbeitenden bewertet werden. Hierzu muss jedoch gewährleistet sein, dass das Bewertungssystem in allen Bereichen gleich ist und den Bewertenden die Bewertungsstandards bekannt sind. Soweit möglich muss dies mit klaren Kennzahlen belegt sein, die aus den Lernzielen abgeleitet werden. Hier empfiehlt sich eine formale Bewertung mit einer Skala, z. B. in Form von Schulnoten.

4.3 Probezeitevaluation

Im deutschen Arbeitsrecht dient das Instrument der Probezeit der Erprobung eines neuen Arbeitnehmers. Gesetzlich ist eine Probezeit nur für Auszubildende zwingend vorgeschrieben, da diese nach der Probezeit selbst auch nur aus zwingenden Gründen kündigen können. Für neue Arbeitnehmer, die nicht den Status eines Auszubildenden haben, muss eine solche Probezeit also immer schriftlich vereinbart werden oder kann in Form eines befristeten Arbeitsverhältnisses stattfinden. Dabei gilt in Deutschland, dass die Probezeit für den Arbeitgeber wie für den Arbeitnehmer gleich lang sein muss. Zulässig ist eine Dauer von bis zu 6 Monaten. Manche Unternehmen weichen auf das Instrument der Arbeitnehmerüberlassung aus, um diese Probezeit zu verlängern (Schaub & Koch 2018, S. 525). Nach dieser Frist wird der Arbeitsvertrag zu einem unbefristeten Arbeitsvertrag. Innerhalb der Probezeit kann der Arbeitgeber dem Arbeitnehmer ohne Gründe (mit Ausnahme bestimmter Sonderfälle wie z. B. bei Schwangeren) mit einer verkürzten Frist kündigen.

Es gibt zu keinem anderen Zeitpunkt die Möglichkeit, sich so vergleichsweise unproblematisch voneinander zu trennen. Insofern macht es Sinn, die Einarbeitung mit einer gründlichen Evaluation der Probezeit zu beenden, in der eine Gesamtsicht auf die Eignung und Entwicklung des neuen Mitarbeiters hergestellt wird.

Sprenger und Arnold stellen fest, dass „skandalös wenig Führungskräfte (…) die Probezeit eines neuen Mitarbeiters verantwortungsvoll nutzen" (Sprenger & Arnold, 2013, S. 840). Gemeint ist damit, dass diese Zeit als eine Art Assessment Center in Echtzeit genutzt werden kann und soll (Assessment-on-the-Job).

Der Grund dafür, dass eine effektive Probezeitevaluation in vielen Unternehmen nicht stattfindet, liegt darin, dass nicht selten keine strukturierten Einarbeitungsprogramme vorhanden sind und auch nicht geklärt ist, wer eigentlich die Verantwortung dafür trägt, dass eine Gesamtevaluation des Mitarbeiters zu einem bestimmten Zeitpunkt stattfindet.

Wie bereits dargelegt, müssen im Vorfeld der Einarbeitung konkrete und messbare Ziele definiert werden. Erst dadurch wird eine systematische Evaluation möglich. Folgende Aspekte sollten bei einer Probezeitbeurteilung Berücksichtigung finden:

- Fachkompetenz
- Kenntnisse von internen Abläufen
- Organisationsverständnis
- Termintreue
- Arbeitsqualität
- Arbeitsquantität
- Verhalten intern
- Verhalten extern
- Vereinbarte Fortbildungen/Prüfungen

Kommt es zu einer Beendigung des Arbeitsverhältnisses nach oder während der Probezeit, so sollte dies für keine der handelnden Personen überraschend kommen. Daher sollte nicht punktuell evaluiert werden, sondern in die Einarbeitung müssen immer wieder Feedbackschleifen integriert werden. Nach dem Motto „Störungen haben Vorrang" ist dem Mitarbeiter bei Problemen oder sich andeutenden Problemen unverzüglich durch den Vorgesetzten Feedback zu geben, auch wenn dies formal im Einarbeitungsplan zu diesem Zeitpunkt eventuell gar nicht vorgesehen ist.

Grundsätzlich empfiehlt es sich für die Probezeitbewertungen die gleichen Stellenbeschreibungen und Anforderungsprofile zu nutzen wie im Auswahlprozess, denn letztlich werden ja nur die gleichen Kriterien neu bewertet, nur dieses Mal eben nicht in Form einer Momentaufnahme, sondern mit den verdichteten Informationen aus der Einarbeitungsphase. Müssen Mitarbeiter das Unternehmen verlassen, so dient ein transparentes Feedback einer möglichst wenig emotionalen und damit geräuschlosen Abwicklung der Trennung. Für geeignete Mitarbeiter ist das strukturierte Feedback nach Ende der Einarbeitung der Einstieg in eine individuelle Personalentwicklung.

Unterstützende Prozesse 5

Der eigentliche Einarbeitungsprozess kann durch unterstützende Prozesse ergänzt werden. Diese sind vom Prozess der disziplinarischen Führung abzugrenzen, da sonst die Gefahr der Entstehung von Grauzonen besteht.

5.1 Pate

Bei der Einarbeitung des Mitarbeiters kann es helfen, ihm einen Paten zur Seite zu stellen. Dieser dient hauptsächlich der Unterstützung bei der Integration im sozialen und im persönlichen Bereich. Hierbei geht es um die informellen Regeln im Unternehmen. Von den Umgangsformen bis hin zu den Prozessabläufen soll hier der Pate die „ungeschriebenen Gesetze" dem neuen Mitarbeiter näherbringen und ihn somit bei den Kollegen integrieren. Dies eignet sich besonders gut für Mitarbeiter, die völlig neu im Unternehmen sind. Diese macht man mit allem vertraut, was nicht zur Fachkompetenz gehört. Vorher sollte man sich aber fragen, wer als Pate geeignet ist. Die Auswahl muss an bestimmte Kriterien geknüpft sein. Der Pate sollte ein Mitarbeiter sein, der schon länger im Unternehmen angestellt ist und hierarchisch nicht unter dem Einzuarbeitenden steht. Des Weiteren sollte er über eine ausgeprägte Sozialkompetenz verfügen wie zum Beispiel: Empathie, Kommunikationsfähigkeiten, Konfliktfähigkeit und Freude an der Tätigkeit des Paten. Wesentlich dabei ist aber, dass der Pate die Aufgabe freiwillig übernimmt. Jemanden zu beauftragen, der keine Motivation für diese Aufgabe hat, und dies nur als Belastung erlebt, würde bei allen Beteiligten Demotivation erzeugen.

© Springer Fachmedien Wiesbaden GmbH, ein Teil von Springer Nature 2019

T. Krings und F. Nieland, *Onboarding-Prozesse im Einzelhandel,* essentials,
https://doi.org/10.1007/978-3-658-24921-2_5

Wie lange der Pate dem neuen Mitarbeiter zur Seite steht, ist unterschiedlich. Eine längere Zeitspanne erhöht aber die vollständige Integration bei den Kollegen, in der Abteilung und somit auch im Unternehmen. Durch diese Maßnahme wird die Bindung an das Unternehmen gesteigert, da der neue Mitarbeiter die Werte verinnerlicht. Die anfangs erwähnte Komfortzone wird auch deutlich erweitert, was den neuen Mitarbeiter ermutigt, seine eigenen Ideen mit einzubringen, und kreative Lösungsansätze zu finden.

5.2 Mentor

Eine klare Abgrenzung vom Patensystem zum Mentoring ist nicht immer möglich. Im Wesentlichen geht es darum, dass der Mentoringprozess verbindlicher ist und über einen längeren Zeitraum läuft. Beim Mentoring wird dem Einzuarbeitenden ein erfahrener Mitarbeiter aus einer meist höheren Hierarchieebene als Ressource zur Verfügung gestellt. Man spricht hier von Mentor (Einarbeitender) und Mentee (Einzuarbeitender). Der Mentor begleitet den Mentee über einen klar definierten Zeitraum in definierten Intervallen, der die Einarbeitungsphase darstellt. Hierbei steht weniger eine Prozessbegleitung im Vordergrund als eher die Weitergabe von Wissen und Erfahrung. Der Mentor ist auch Ansprechpartner für Fragen und/oder Probleme, die sich in dieser Zeit ergeben. Der Mentor behandelt diese Informationen vertraulich, d. h. er kann nicht bei der Evaluation der Leistung des Einzuarbeitenden berücksichtigt werden. Jedoch birgt dieser Prozess immer das Risiko der Unverbindlichkeit, da nicht immer klare Ziele definiert sind und das Verhältnis Mentor/Mentee außerhalb der regulären Hierarchie besteht. Daher ist es ein wichtiger Erfolgsfaktor, dass der Mentor durch eine Schulung auf diese Aufgabe vorbereitet wird. Inhalte einer solchen Schulung sind: Techniken der Gesprächsführung, Feedback, Kritikgespräch, (Lern-)Zielvereinbarungen und Reifegradmodell. Ferner bietet es sich an, diese Gespräche durch das Führen eines Logbuchs des Mentees zu strukturieren. Die Inhalte bleiben jedoch vertraulich und dürfen Dritten nicht zugänglich gemacht werden. Die Einführung eines solchen Logbuchs ist mitbestimmungspflichtig.

Beispiel Logbuch

Name:______________________________ Datum:_______________

Reflektion der letzten Einarbeitungsphase:

Wurde der Plan eingehalten?

○ Ja ○ Nein

Wenn „Nein“, gibt es Vereinbarungen, wann und wie die Inhalte nachgeholt werden?

Intervention des Mentors notwendig?

○ Ja ○ Nein

Was lief gut?

Was lief schlecht?

Welche Ziele werden für die nächste Phase vereinbart?

Wissen:

Fähigkeiten und Fertigkeiten:

Wurden die im letzten Gespräch vereinbarten Ziele erreicht?

○ Ja ○ Nein

Welche Wünsche an den Mentor gibt es?

Was Sie aus diesem *essential* mitnehmen können

- Sie wissen nun, wie Sie die Bedeutung systematischer Einarbeitungsprozesse in der Organisation vermitteln können
- Sie können Pläne gestalten und Verantwortlichkeiten zuteilen
- Sie können Entwicklungsziele definieren und messen

© Springer Fachmedien Wiesbaden GmbH, ein Teil von Springer Nature 2019

T. Krings und F. Nieland, *Onboarding-Prozesse im Einzelhandel*, essentials,
https://doi.org/10.1007/978-3-658-24921-2

Literatur

Hersey, P; Blanchard; K.: (1982) Management of Organizational Behavior. Cambridge: Pearson.

Krings, T. (2017) Erfolgsfaktoren effektiver Personalauswahl. Wiesbaden: Springer Gabler.

Krings, T. (2018) Personalwirtschaft. Wiesbaden: Springer Gabler.

Schaub, G.; Koch, U. (2018) Arbeitsrecht von A-Z. München: DTV.

Sprenger, R. & Arnold, C. (2013). Probezeit. In W. Sarges (Hrsg.), Management Diagnostik (S. 839–847). Göttingen: Hogrefe.

Wöhe, G; Döring, U. (2008) Betriebswirtschaftslehre. München: Vahlen.

© Springer Fachmedien Wiesbaden GmbH, ein Teil von Springer Nature 2019

T. Krings und F. Nieland, *Onboarding-Prozesse im Einzelhandel,* essentials,
https://doi.org/10.1007/978-3-658-24921-2

springer-gabler.de

Thorsten Krings

Erfolgsfaktoren effektiver Personalauswahl

Springer Gabler

Jetzt im Springer-Shop bestellen:
springer.com/978-3-658-16455-3

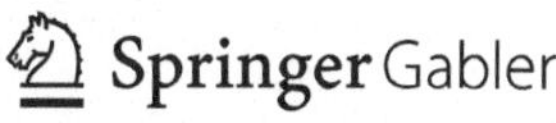

springer-gabler.de

LEHRBUCH

Thorsten Krings

Personalwirtschaft

Grundlagen betrieblicher Personalarbeit

Springer Gabler

Jetzt im Springer-Shop bestellen:
springer.com/978-3-658-21610-8